Ulrich Schaffer
mit Waltraud Schaffer

# *Im Zeichen Schütze*

## Der Weg der Begeisterung

Ulrich Schaffer
mit Waltraud Schaffer

# *Im Zeichen Schütze*

## Der Weg der Begeisterung

HERDER

FREIBURG · BASEL · WIEN

# *Der Weg der Begeisterung*

Der Lebensansatz der Begeisterung gehört zu den faszinierendsten, die wir kennen. Das Leben durch die Begeisterung zu gestalten und zu bewältigen ist manchen Menschen gegeben, und viele lassen sich von dieser Art zu leben anstecken. Dieser Weg drückt eine Lebendigkeit aus, die viele anziehend finden. Er scheint von einer besonderen Stärke und Verbundenheit mit dem Sinn des Lebens zu zeugen. Aber wie jeder der zwölf Wege ist auch er nicht leichter zu beschreiten als andere, auch er hat seine Schwierigkeiten und Probleme. Es ist ein Weg, der hoch hinausführen kann, der aber auch, wenn er nicht gelingt, den Menschen in tiefe Enttäuschungen stürzen kann. Es ist ein Weg, der zu einem erfüllten Dasein führt, es kann aber auch ein schwerer Weg sein, weil wir auf ihm nichts weniger wollen, als die tiefsten Zusammenhänge des Lebens zu verstehen, die wir in unserer Begrenztheit oft nur schwer erfassen können. Doch die Begeisterung öffnet Türen, die sonst verschlossen bleiben.

# *Das Ziel des Weges*

Groß ist die Welt,
und klein sind wir in ihr,
aber es gibt Möglichkeiten,
über sich selbst hinauszuwachsen.
In uns liegen die Liebe zum Leben,
die Sehnsucht nach Verständnis
und ein Meer der Begeisterung,
in dem wir selbst groß werden.

Du hast nichts Geringeres im Sinn,
als die Welt zu verstehen und dich mit ihr zu verbinden
in einem Feuerwerk des Handelns und Denkens
und in einem Ringkampf um sinnvolles Leben.
Du gibst nicht auf, bis das Leben dich segnet,
so entschieden bist du,
so beseelt von dem Weg, den du gehst,
manchmal zitternd und dann wieder voller Stärke
in deiner glühenden Überzeugung.

Manchmal ist nicht klar,
ob du ein Ziel hast,
oder ob ein Ziel dich hat.
Dann bist du wie ein Pfeil,
der unbeirrbar auf sein Ziel zufliegt.

# Was du spürst

Du willst,
dass sich das Leben dir zeige,
in seiner Weite, in den Zusammenhängen,
die eigentlich nur für Gott bestimmt sind.

Du willst nicht kleinkariert leben,
dich nicht zufrieden geben mit Halbwahrheiten,
dich nicht abspeisen lassen mit vordergründigen Antworten.
Du brauchst den kühnen Entwurf,
die weite Sicht, das Ahnen der Zukunft.
Mit einer Handbewegung fährst du über den Himmel
und willst, dass dir von Horizont zu Horizont alles gehöre,
dass du alles verstehst
und an der Innenseite des Lebens lebst.
Du willst die ganze Welt – innen und außen – bereisen
und dich in ihr zu Hause fühlen.

Du willst die Zähne des Tieres „Leben“ spüren
und sein weiches Fell,
seine Wildheit und seine Sanftheit.
Du willst das Leben nicht auf Armeslänge halten,
sondern es hautnah erleben.

98 727

# *Die Energie von der du zehrst*

Du bist beseelt von einer Energie,
die aufs Ganze geht.
Deine Begeisterung selbst ist Energie.
Du spürst, wie deine Zuwendung zum Leben
und deine Hinwendung zu den letzten Dingen
dir den Himmel auf Erden öffnen werden.
Du bist der Abenteurer des Geistes,
der Eröffner neuer Wege.
Du bestürmst den Himmel mit Himmelsenergie.

Es gibt Tage, da scheint deiner Kraft
keine Grenze gesetzt zu sein,
da ist dir das Leben in die Hände gegeben,
und du entfaltest es wie einen kostbaren Schatz,
den vorher noch niemand gehoben hat.

Mit deinem Geist streckst du dich aus
und holst den Himmel auf die Erde.
Das Ausstrecken belebt dich,
du vibrierst in der Energie des Glaubens,
dass sich die Welt für dich und für viele andere auftun wird.

## Wie du dich selbst erlebst

So wie dein Leben von Jahr zu Jahr voranschreitet,
so begreifst du immer tiefer,
dass du ein Suchender bist.
Du verstehst dich selbst als Menschen,
der verantwortlich ist
für das Wohl seiner Mitmenschen.
Was du tust, tust du nicht nur für dich,
sondern für die Menschheit.
Du willst, dass dein Leben exemplarisch ist,
so dass sich andere an dir messen können.
Du lebst von der Suche und für die Suche.
Du bist Geheimnissen des Lebens auf der Spur
und hebst die Schätze, die andere nur ahnten.

Du brauchst viel Raum.
Du bewegst dich nicht nur im Alten,
denn dein Geist landet schon an neuen Ufern,
um ferne Länder zu entdecken.
In dir kommt das Alltägliche zum Außergewöhnlichen,
die Weisheit von gestern zur Weisheit von morgen,
die Einsicht der Alten zur Neugier der Jungen.

Es ist dir wichtig, aufrecht zu gehen,
geradlinig zu leben, offen und ehrlich zu sein.
Du spürst, dass du weitherzig, vielseitig,
freiheitsliebend und lauter bist.

## *Du und die anderen*

„Macht ihr mit?“, rufst du den anderen zu
und verstehst manchmal nicht,
dass sie so träge sind, so wenig begeistert
und dass sie das Feuer des Lebens
nicht in sich zu tragen scheinen.
Du willst sie mitreißen
und ihnen das Glück der Suche
und des Findens vermitteln.
Manchmal willst du sie auch vor deinen Wagen spannen.
Du glaubst,
dass deine Begeisterung alle anstecken müsste.
Oder du meinst, dass sie schon alle mit dir sind,
weil du in deiner Begeisterung nicht fragst,
was sie wollen.

So kann es passieren,
dass du zu viel von ihnen verlangst,
dass du sie überforderst,
weil sie nicht so unterwegs sind wie du.
Vielleicht suchen sie nicht so, wie du es von ihnen erwartest,
weil sie zufrieden sind mit dem, was sie erreicht haben.
Nicht jeder bestürmt die Welt wie du.

# *Woran du leidest*

Es gibt nichts Schlimmeres für dich,
als deine Begeisterung zu verlieren –
und doch kann es passieren!
Das Leben kann so hart sein,
dich in eine Enge führen
und so viel von dir verlangen,
dass dir die Energie ausgeht,
die die Mitte deiner Person ausmacht.

Dann bist du verloren,
du verlierst die Orientierung
und den tiefen Sinn deines Lebens.
Du fühlst dich bedroht, eingeengt
und findest keinen Ausweg mehr.
Du wirst normal und hältst es kaum aus.
Du bist wie ein Held,
der keine Abenteuer mehr sucht.

Nicht vor dem, was dich umgibt,
hast du Angst,
sondern vor dem Verlust deines Lebensfeuers.
Der Feind,
der dich vom erfüllten Leben abhalten könnte,
lebt in dir.

*Vermeide was dich herabzieht*

Lass dich nicht von denen festhalten,
die deine Visionen für die Welt nicht teilen.
In der Kühnheit deiner Entwürfe liegt deine Stärke.
Wenn du nicht groß denken darfst,
wirst du unausstehlich.

Vermeide es, dich besser zu dünken,
weil du auf diesem aufregenden Weg bist.
So wie du den Weg gewählt hast,
so hat dich auch der Weg gewählt.
Bilde dir nichts darauf ein.

Vermeide es, nur in dem großartigen Leben
Lebendigkeit zu sehen.
Es gibt Leben, das still und verschwiegen ist.
Auch das hat seine tiefe Bedeutung.

Denke daran, dass du immer mehr sehen wirst,
als du erreichen kannst. Das ist ein Herzstück deines Weges.
Aus dieser Spannung entsteht das Wunderbare.

## *Wenn du liebst*

Du brauchst jemanden,
den du fördern kannst
und der dich fördert.
So verstehst du Partnerschaft.
Für dich entzündet sich die Liebe
am geistigen Austausch.
Du brauchst das Feuerwerk der Gedanken.

Du brauchst auch in deiner Partnerschaft Freiheit.
Eifersucht und Neid beeinträchtigen deine Liebe.
Für dich ist Liebe ein Kind der Freiheit.
Bunt willst du deine Partnerschaft, voller Überraschungen.
Du brauchst die Spannung des Neuen,
das Abenteuer der Entwicklung,
auch zwischen dir und deinem Partner.
Eure Liebe soll Ausdruck einer größeren
und umfassenderen Liebe sein.
Auch hier bist du auf Höheres bezogen.

Peter Handke
Mein Jahr in der Niemandsbucht
Suhrkamp
BROKEN WING
THE AKEDAH
THE ORIGIN OF SATAN
ELAINE PAGELS
KLUGE
Etymologisches Wörterbuch der Deutschen Sprache
Ein Traum von Christus
OHNE SICHERES WISSEN
Ein Zweig vom Baum des Lebens
Das Buch von der Liebe
Ernesto Cardenal
The Gnostic Gospels
Elaine Pagels
WATCH WITH ME
Die Zuverlässigkeit der Unruhe
PIPER
DER JESUS-PAPYRUS
Archetypen der Seele
GROSSMEIER · UNSER FREIER FALL
Was sagen die Leute, wer ich sei?
DAS EVANGELIUM DER ESSENER
LICHT UND ASCHE
KARL LUBOMIRSKI
Hammers Anthologien 2
E. ANNIE PROULX
REINER KUNZE
Am Sonnenhang
DER SINGVOGEL
LAVANT · DAS KRÜGLEIN
Warum lesen?
CHINESISCHE GEDICHTE
GRIMMS MÄRCHEN
RELIGIÖSE NEUROSEN
Wege aus Angst und Symbiose
Mann und Frau im Märchen
Träume als Ratgeber
Bergers Fall
Sam Keen

# *Gott auf deinem Weg*

Für dich ist Gott die Begeisterung selbst,
der Geist, der die Welt erfüllt,
der Atem, aus dem alles wurde.
Du bist mit Gott im Gespräch,
du beziehst deine Begeisterung aus Gottes Geist,
und an guten Tagen stellst du dich ihm gleich.
In dem, was du tust und denkst,
spürst du deine Göttlichkeit.
Du bist der Mitschöpfer und der Miterhalter,
du bist der Vertreter Gottes in deiner Welt.

Du glaubst, dass Gott deine Begeisterung will,
das ist dein Verständnis von Lebendigsein.
In deinem Enthusiasmus näherst du dich
der ganzen fassbaren und unfassbaren Welt.
Dein Gott liebt die Welt stürmisch
und hat große Pläne mit ihr,
und du bist dabei.
Kann es sein,
dass Gott seine Pläne durch dich erfüllt?

# *Enttäuschungen sind unvermeidbar*

Es gibt keinen Weg ohne Enttäuschungen,
und auf keinem Weg werden wir
von Umwegen verschont.
Es gibt Träume, die unerfüllt bleiben,
und Vorstellungen, die nicht zu verwirklichen sind.
Mal spornen die Enttäuschungen dich an,
noch mehr einzusetzen,
während sie dir beim nächsten Mal die Energie nehmen
und du aufgeben möchtest.

Dein Streben, deine Freiheitsliebe und dein Forscherdrang
sind alle stärker als die Enttäuschungen.
Du gibst nicht auf, weil du weißt,
dass du damit dich selbst aufgibst.

So wie der Regenbogen am Ende der großen Flut stand
und Hoffnung bedeutete,
so ist mit deinen Enttäuschungen auch nicht alles aus.
Du lernst aus deinen Fehlern und findest neue Wege.
Du bist mit Vergesslichkeit gesegnet –
du erinnerst dich nicht lange an deine Enttäuschungen,
sondern machst mit neuer Energie weiter.

# Stein und Feder

Ich kenne einen Mann, der schon von Kind an nichts sehnlicher wollte, als über das Leben nachzudenken und von anderen Menschen soviel wie möglich zu erfahren und zu lernen. Immer wieder fragte er die großen Fragen: Warum sind wir hier? Was ist unser Sinn? Wohin sind wir unterwegs? Seine Fragen und Antworten wuchsen mit ihm. Als er sich für einen Beruf entscheiden musste, war ihm klar, dass er Lehrer werden wollte. „Ich habe so viel gesammelt und möchte das gern weitergeben." Als er endlich vor seiner eigenen Schulklasse stand, war er ganz in seinem Element. Schon bald war er bekannt für seinen lebendigen Unterricht, für die Begeisterung beim Lehren. Inzwischen ist er nun schon ein halbes Leben lang Lehrer. Er ist schon fast abhängig von dieser Tätigkeit. Manchmal erschrickt er, wenn er spürt dass er alles andere vernachlässigt. Er findet seinen Sinn, indem er über das Sinnfinden redet.

In letzter Zeit aber geschieht etwas, was er überhaupt nicht versteht. Er erlebt, wie Menschen sich von ihm abkehren, wenn er über diese wichtigen Gedanken spricht – als langweilten sie sich. Auch in der Schule ist der Kontakt zu den Schülern nicht mehr so intensiv. Er tut so, als würde er es nicht bemerken. In seinem Herzen meint er, dass mit den Kindern und Erwachsenen etwas nicht stimmt. Er hat nicht den Mut, sich selbst anzusehen und zu untersuchen, was man an ihm kritisiert. Er zieht sich zurück und geht auf längere Spaziergänge, als könne er so Klarheit finden. Auf einem seiner Spaziergänge durch einen Wald befindet sich plötzlich ein Mann neben ihm. Er hat ihn nicht kommen hören. Der Mann geht schweigend neben ihm her. Er ist auffallend klein und trägt seltsame Kleidung, als käme er aus einem anderen Land. Auf unerklärliche Weise fühlt sich der Lehrer von dem Mann angezogen. Sie kommen ins Gespräch, und schon bald hört er zu seinem eigenen Erstaunen, wie er zu dem Fremden über seine Not spricht. Dieser lächelt wissend, lässt ihn aber weiterreden. Er sagt: „Du gehst gebeugt unter der Last deiner Berufung. Du musst leicht werden." Der Lehrer denkt bei sich: Es ist leicht, das so zu sagen, aber wie soll ich mich leicht machen? Laut fragt er: „Wie macht man das?" Der Fremde antwortet nicht, als habe er die Frage nicht gehört. So gehen sie eine Weile still nebeneinanderher. Da sagt der Mann zwei merkwürdige Sätze: „Schweigen wird deine eindringlichste Sprache sein. Zuerst bist du du selbst, und dann bist du Lehrer." Der Lehrer hatte sich in diesem Moment auf die Erde gebeugt, um einen interessanten Stein aufzunehmen. Als er sich wieder aufrichtet und etwas ungehalten fragen will, was denn dieser tiefsinnige Satz zu bedeuten habe, da ist der Fremde wie vom Erdboden verschluckt. Nachdenklich geht er nach Hause. Den Stein hat er eingesteckt.

Als er in seine Wohnung tritt, die linke Hand noch um den Stein in seiner Jackentasche, schaut er im Vorbeigehen in den Spiegel, und sieht auf seiner Schulter eine Feder liegen, eine ganz leichte weiße Daunenfeder. Ein Vogel muss sie verloren haben, doch in seinem tiefsten Innern weiß er, dass die Feder von dem Fremden kommt. Und als habe die Feder den Gedanken ausgelöst, wird ihm zum ersten Mal in seinem

Leben klar, dass ihm das Lehren wichtiger ist als die Kinder, die er lehrt. Es kann nicht der Sinn des Lebens sein, über den Sinn zu reden. Dieser Gedanke ist ihm völlig neu, so abhängig war er schon vom Lehrersein geworden.

Als er am nächsten Tag vor seiner Klasse steht, nimmt er die Feder aus seiner Jackentasche, hält sie vor sich in die Luft und bläst sie an, so dass sie emporfliegt. Immer wenn sie zu sinken droht, bläst er sie wieder hoch und geht so der Feder folgend durch den ganzen Raum. Sein Atem trägt die Feder. Dabei spricht er nicht. Die Kinder sehen ihm zu und werden ganz still. Mit jedem Atemzug wird ihm leichter und in seinem Herzen ordnet sich sein Leben neu. Er versteht, dass seine Begeisterung von früher eine andere Gestalt angenommen hat. Sie ist tiefer nach innen geschlüpft, dort, wo alles auf eine unendlich lange Zeit angelegt ist und nichts verfliegt oder vergeht. Er beginnt noch einmal von vorne, aber er weiß, dass er jetzt zu einem Lehrer werden wird, der nicht nur von der Mitte des Lebens reden, sondern aus ihr leben wird. Den Stein hat er auf ein Fensterbrett gelegt. Er erinnert ihn an seinen neuen Weg, wenn er mal wieder auf den alten geraten ist.

*Was du von Natur aus bist*

Von Natur aus siehst du das Leben als Chance,
bist du großzügig und enthusiastisch,
liebst du das Abenteuer,
siehst du die Welt als spirituellen Ort,
bringst du Dinge in Gang,
bist du bunt und lebendig,
bist du ein ernsthafter Denker,
langweilst du dich, wenn du mit Unwichtigem umgehen musst,
konzentrierst du dich auf das, was dich weiterbringt,
musst du darauf achten, nicht eingebildet zu sein,
fällt es dir manchmal schwer, andere ernst zu nehmen,
hast du ein gutes Urteilsvermögen,
kannst du manchmal übereifrig sein,
neigst du zum Übertreiben,
misst du andere daran, ob sie mit dir mithalten können,
kannst du dir deiner Sache zu sicher sein,
reist du innerlich und äußerlich gern weit,
übernimmst du manchmal zu schnell die Führung,
hast du kein Verständnis für Eifersucht,
bist du beweglich und lässt dich nicht gern einengen,
suchst du den Sinn in der Mitte aller Dinge,
denkst du Neues, an dem andere sich orientieren.

# Was dich glücklich macht

Nichts ist wichtiger für dich, als frei zu sein.
Du brauchst Raum, um dich zu entfalten.
Enge behagt dir nicht,
besonders nicht die Enge des Geistes.
Immer wieder schickst du deine Gedanken
auf Wanderschaft und beauftragst sie,
etwas Neues mitzubringen:
eine andere Art zu denken, ein neues Gefühl,
ein tieferes Verständnis für die Lage der Welt.

Du brauchst eine Aufgabe.
Um glücklich zu sein, musst du an etwas arbeiten,
an das du glaubst und das deinem Leben Sinn gibt.
Es reicht dir nicht, etwas erreicht zu haben.
Du brauchst neue Herausforderungen,
du willst die weißen Flecken verstehen,
die sich noch auf den Landkarten unserer Seelen befinden.
Du bist ein Entdecker, Erforscher, Eroberer.

Verantwortung erdrückt dich nicht,
du trägst sie wie eine Auszeichnung.
Gerne förderst du andere Menschen,
du willst ihnen ermöglichen, ihre Anlagen zu entwickeln.
Du wünschst ihnen die volle und tiefe Lebendigkeit, die du hast.

# *Wenn es schwer wird*

Du begegnest Widrigkeiten mit Energie.
Du konzentrierst dich auf den Weg,
der auch dann noch ein Weg ist,
wenn es schwierig wird.

Manchmal verlierst du das Gespür für das,
was du selbst willst und bist,
weil du dich so stark auf die Welt konzentrierst.
Dann brauchst du Ruhe,
um zu dir selbst zurückzukehren.

Wenn es dir nicht gelingt,
Fleisch mit Geist zu verbinden,
das Alltägliche mit dem Göttlichen,
dann wirst du traurig und zweifelst an dir.
Erinnere dich, dass du dir ein hohes Ziel gesetzt hast.

Wenn du dein Ziel erreicht hast
und die Reise zu Ende ist,
gewinnst du wieder Energie,
wenn du dir neue Ziele steckst.

# *Das Besondere deines Weges*

Dein Scharfblick wächst von Jahr zu Jahr.
Du durchschaust und verstehst.
Das ist dein Weg.
Die Welt zeigt sich dir,
und du gibst weiter, was du begreifst.
Ein klarer Blick gehört zu dir.
Immer weniger verschwendest du
deine Begeisterung an Unwichtiges,
immer mehr wendest du dich dem Ganzen zu.
Es ist, als fielest du in ein inneres Feuer,
das dich erwärmt und erleuchtet,
aber nicht verzehrt.
Du gelangst mehr und mehr in die Mitte,
in die Erkenntnis einer Wahrheit,
die nicht aus Worten und Lehrsätzen besteht,
in eine Weisheit, die die ganze Welt umspannt,
und andere überzeugt, wenn du sie lebst.
Das kleine Feuer ist groß geworden.
Aus dem Aufflackern ist ein Brennen geworden
und aus dem Brennen ein Glühen in der Tiefe.

# *Eine große Herausforderung*

Du bist durch und durch Lehrer.
Das ist deine Lebenserfüllung.
Aber gleich neben dem Lehrer,
der Mut macht
und anderen die Welt erschließt,
steht der Lehrer, der auch dann noch belehrt,
wenn es nicht gewünscht wird.
Dann kommst du nicht an.

Du hörst nicht auf die Bedürfnisse der Menschen,
die mit dir sind und selbst denken.
Es gibt eine Seite in dir, die nicht ernst nimmt, was andere sagen,
weil dein Bedürfnis, dein Wissen weiterzugeben, alles überragt.
Darin kannst du zwanghaft sein.
Mit dieser Art schickst du Menschen in die Enge.
Du bedrängst sie, gerade wenn du sie in die Weite führen willst.
Halte dich zurück. Erlaube ihnen ihren Weg.
Das ist deine Herausforderung.

Sieh deine Fähigkeit zu lehren als Geschenk an,
das du niemandem aufdrängen musst.
Sei dankbar, wenn dir jemand zuhört
und deine Sicht schätzt. Erwarte es nicht.
Dadurch wirst du ein weiserer Lehrer sein,
der auch noch mit seinem Schweigen lehrt.

## *Sei achtsam*

Achte darauf,
dass du nicht mehr versprichst,
als du halten kannst.
Deine Versprechungen bringen dich in Not,
etwas zu halten, was schon hinter dir liegen mag.
In deiner Großherzigkeit läufst du Gefahr, dich zu übernehmen,
vielleicht tust du manches auch aus Angst, sonst zu enttäuschen.
Wenn du die Größe deines Unternehmens vergisst,
kannst du kleinlich und eng sein – dann gilt nur deine Sicht,
dann wirst du engstirnig und wirkst, als fehle dir jede Weite.

Werde nicht fanatisch
und ziehe keine voreiligen Schlüsse –
es passt nicht zu deiner Tiefe.
Auch wenn du viel von dir selbst verlangst,
sei noch milde gegen andere,
die vielleicht nicht deine Begabung,
dein Feuer und deinen Auftrag haben.
Auch ihr Weg ist wertvoll und einmalig.
Sei behutsam. Bekämpfe deine Überheblichkeit.

Begeistere dich nicht nur für die Begeisterung,
lebe nicht nur von deiner Wirkung,
verliere das höhere Ziel nicht aus den Augen.

# *Die reife Form deines Weges*

Dein Weg lädt dich ein, weitsichtig zu werden,
enthusiastisch, engagiert und ehrlich.
Wenn du dich auf das konzentrierst,
was dir wichtig ist, wirst du es entfalten
und seine tiefere Bedeutung entdecken.

Deine Blickrichtung entscheidet, was du erleben wirst.
Sieh nach unten, und es wird bergab mit dir gehen,
sieh nach oben, und du wirst fliegen lernen.
Du wirst erleben, was du glaubst.

Halte dich nicht bei dem auf, was dich langweilt,
gehe der Spur nach, auf der Leben entsteht.
Du bist wie ein Kentaur – halb Mensch, halb Tier –
mit Pfeil und Bogen, der in den Himmel weist.
Du willst diese drei Welten verbinden.
Du willst das Erdgebundene nicht verachten,
– deinen Körper, deinen Trieb, deine Lust.
Das Zwischenmenschliche willst du ehren,
– deine Freundschaften, deine Alltäglichkeit.
Und das Göttliche willst du anstreben
– du willst in dir das Höhere Gestalt gewinnen lassen.
In der harmonischen Verbindung dieser drei
liegt der Kern deines Abenteuers.

# Die Geschenke deines Weges

Dich erfüllt ein tiefes Glücksgefühl,
weil du an der Vorfront des Denkens stehst,
da, wo sich die Welt auftut
und ihre Schätze zeigt.
Dein Weg schenkt dir Wolken um den Kopf
und die feste Erde unter deinen Füßen.
Vieles von dem, was du denkst, wirst du erreichen.

Ab einer gewissen Tiefe ist dein Weg untrennbar
mit den zeitlosen Fragen des Sinns verbunden.
Deine große Art zu denken, macht dich groß,
und wenn du reifst, macht sie dich klein und groß zugleich.
Du lebst auf der Erde und zielst in den Himmel.

Es ist deine besondere Begabung, deine Zeit zu verstehen,
das, was unzusammenhängend zu sein scheint,
zu einem Ganzen zu verbinden.
Weil du die Entwicklung der Welt erahnst,
gelingt es dir, die Linien in die Zukunft auszuziehen.
Manchmal sind deine Worte prophetisch.
Weil du den Moment erfasst, ahnst du die Zukunft,
weil du ganz hier bist, siehst du, wo es weitergeht.
Dein Weg hat dir einen sechsten Sinn gegeben
für das, was unsichtbar und unfassbar geschieht.
So bist du verbunden mit allem, was wichtig ist.

# *Wachse über dich selbst hinaus*

Was für andere unfassbar ist und sie beängstigt,
ist für dich dein Element.
An starken Tagen ist für dich nichts zu groß.
Du brauchst die Grenzenlosigkeit immer neuer Ziele,
nachdem du die angestrebten erreicht hast.
In Wiederholungen läuft deine Seele Gefahr zu sterben.

Jetzt aber wirst du auch mehr denn je in deinem Leben
auf die Fragen und Beiträge anderer achten,
dich in sie eindenken und einfühlen.
Du wirst ihr Leben zu deinem machen
und nicht mehr nur ihr Lehrer sein wollen.
Gerade das wird dich anziehender sein lassen,
und so wirst du durch dein Vorbild lehren,
und es kaum merken. Dein Wesen wird reden.

Das, was einmal schwer und schwerwiegend war,
wird eine Leichtigkeit bekommen,
in der du staunst, dass es auch so geht.
Im Loslassen gewinnst du und wirst mehr das,
was du immer sein wolltest.
Im Austausch wirst du vermitteln, was dir wertvoll ist.

Du wirst mitten im Alltäglichen entdecken,
dass du auf Unendliches bezogen bist.

# Zu den Bildern

Die Bilder in dieser Buchserie haben zum Teil einen anderen Zweck als sonst in meinen Büchern. Sie sollen nicht nur eine Meditationshilfe sein, sondern sie sollen in den meisten Fällen die Energie eines Weges verkörpern. Mit diesem Gedanken haben wir sie ausgesucht.
Jeder dieser Wege findet in der äußeren Welt, in den Dingen, die uns umgeben, seinen Ausdruck. Die Dinge der Welt haben ihre eigene Energie. Der Weg der Kraft findet seinen Ausdruck im Strahlen der Sonne, im Bild des Löwen als König der Tiere, im Leuchten einer Sonnenblume. Der Weg der Balance findet seinen Ausdruck in der Geradlinigkeit des Horizonts, der alles auszugleichen scheint, in der Ausgewogenheit der Anordnung einer Blumenblüte. Wir haben versucht, bei der Auswahl der Bilder innerhalb der Energie eines jeden Weges zu bleiben, so wie wir den Weg verstehen, um den Band stimmig zu halten. Oft sind die Entsprechungen zwischen außen und innen geheimnisvoll, und man muss lernen, sie zu sehen und sich in sie einzudenken.
Der Weg der Begeisterung drückt sich in Bildern vom Abenteuer, vom Forschen und von der Suche aus. Auch Weite gehört zu diesem Weg, besonders da, wo sie verbunden ist mit einem Ziel. Bilder der Konzentration sind ebenfalls ein Ausdruck dieser Energie.

Umschlag: Panorama der Rocky Mountains von der Prärie aus gesehen, bei Waterton, Alberta, Kanada.

4 Enger Canyon, Paria Wilderness, Colorado Plateau, Arizona, USA.

7 Kakteen und Boojum-Bäume in der Wüste von Mexiko.

9 Alte Eisenbahn, Deutschland.
11 Espen, die in den Himmel streben, in den San Fransisco Mountains von Arizona, USA.
13 Großes Wandgemälde, Chemainus, Vancouver Island, British Columbia, Kanada.
15 Junger Mann, Vancouver, British Columbia, Kanada.
17 Nebencanyon des Paria, Colorado Plateau, Arizona, USA.
18/19 Panorama der Rocky Mountains von der Prärie aus gesehen, bei Waterton, Alberta, Kanada.
21 Wacholder, Yosemite National Park, California, USA.
23 Bücherregal.
25 Am Pazifikstrand, Vancouver, British Columbia, Kanada.
27 Regenbogen über Keats Island an der Westküste von British Columbia, Kanada.
33 Altes indianisches Mal in der Wüste bei Tucson, Arizona, USA.
35 Expedition auf dem Alsek River, Alaska, USA.
37 Segler im Burrard Inlet, Westküste von British Columbia, Kanada.
39 Weißkopfadler, bei Gibsons, British Columbia, Kanada.
41 Sonnenuntergang über Vancouver Island, British Columbia, Kanada.
43 Windbuche auf dem Schauinsland, bei Freiburg im Breisgau.
44/45 Am Strand angeschwemmter Zedernstamm mit schwarzen Kieselsteinen, Gibsons, British Columbia, Kanada.
47 Berittener Indianer auf Felsenvorsprung, Monument Valley, Arizona, USA.
49 Quilt von Louise Harris, Sedro Woolley, Washington, USA.
51 Holzkirche im Yosemite Valley, California, USA.

# *Die zwölf Wege des Menschen*

Jeder von uns hat in seiner Einmaligkeit seinen ganz eigenen Weg. Die Unterteilung in zwölf Wege gibt es in unterschiedlichen Formen schon lange. Für den Weg werden unterschiedliche Namen gebraucht, je nachdem, ob man sich mit Psychologie, Philosophie, Astrologie oder Theologie beschäftigt. Auch die Kultur und die Zeit bestimmen die Beschreibungen dieser Wege. Das Alte Testament, die Weisheitsschriften Laotses, die moderne Analyse C. G. Jungs oder das jahrhundertealte Enneagramm können uns unseren Weg weisen, so auch die Tierkreiszeichen. Es geht immer um uns und unsere Art, das Leben anzugehen. Die alte Weisheit der Astrologie beschreibt Energien, die in unserem Leben wirken. Unser ganzes Leben lang lernen wir, sie zu entdecken, mit ihnen umzugehen und sie zu bejahen.

Jeder Mensch sucht sich selbst zu verstehen, seine Ziele, den Ursprung seiner inneren Kräfte, seine Gottesbilder, seine Stärken und Schwächen. Wir wollen sie akzeptieren oder sie durch Bewusstwerdung auf dem Weg in eine größere Reife überwinden.

Niemand lebt nur auf einem Weg. Jeder von uns trägt Elemente aller Wege in sich, und es ist wertvoll, auch diese zu verstehen und damit auch den Weg unseres Partners, unserer Freunde und Familienmitglieder zu erspüren. Je mehr wir sie verstehen, desto besser können wir miteinander umgehen.

Ich, Waltraud, habe den Weg der Balance als meinen Weg erkannt, weiß aber auch um die Wichtigkeit der anderen Wege in meinem Leben. Ich, Ulrich, habe den Weg der Begeisterung als den wichtigsten Weg in meinem Leben erkannt, spüre aber auch, wie bedeutend die anderen Wege sind.

Waltraud und Ulrich Schaffer stammen beide aus Deutschland und leben seit vielen Jahren in British Columbia in Kanada. Ulrich Schaffer ist als Schriftsteller und Fotograf bekannt für seine Text- und Bildbände mit Naturfotos, die inzwischen eine Gesamtauflage von über fünf Millionen erreicht haben. Waltraud Schaffer hat sich schon seit vielen Jahren mit Astrologie beschäftigt. Für diese Buchreihe haben beide ihre Ideen und Fähigkeiten vereint, um die zwölf Wege des Menschen in ihren unterschiedlichen Energien zu beschreiben.

ulrich schaffer Waltraud Schaffer

*Alle zwölf Wege des Menschen*
– in gleicher Ausstattung erschienen –

*Im Zeichen Widder* Der Weg des Aufbruchs
*Im Zeichen Stier* Der Weg der Lebensfreude
*Im Zeichen Zwilling* Der Weg der Leichtigkeit
*Im Zeichen Krebs* Der Weg der Treue
*Im Zeichen Löwe* Der Weg der Kraft
*Im Zeichen Jungfrau* Der Weg der Klarheit
*Im Zeichen Waage* Der Weg der Balance
*Im Zeichen Skorpion* Der Weg der Lebenstiefe
*Im Zeichen Schütze* Der Weg der Begeisterung
*Im Zeichen Steinbock* Der Weg des Erfolgs
*Im Zeichen Wassermann* Der Weg der Freiheit
*Im Zeichen Fische* Der Weg des Mitgefühls


www.herder.de
Texte, Fotos, Layout: Ulrich Schaffer
Autorenfoto: Zilya Schaffer
Satz und Repro: Reprographia MEDIENHAUS-LAHR
Druck und Bindung: EuroGrafica S.p.A., Marano-Vicenza 2004
Gedruckt auf umweltfreundlichem, chlorfrei gebleichtem Papier
ISBN 3-451-28291-7